AF280929

© 2007 Thomas Neumann
Alle Rechte vorbehalten

Herstellung und Verlag: Books on Demand GmbH, Norderstedt

ISBN-13: 9783837010138

Bibliografische Information der Deutschen Nationalbibliothek
Die Deutsche Nationalbibliothek verzeichnet diese Publikation in der Deutschen Nationalbibliografie; detaillierte bibliografische Daten sind im Internet über http://dnb.d-nb.de abrufbar.

1. Auflage

Die Geschichte eines Vampirs

Schauspiel in 3 Akten

Von Thomas Neumann

Originalausgabe

Geschrieben im Jahr 1999
Überarbeitet 2007

Das Stück entstand 1999 im Rahmen der Arbeiten der Gruppe „Mythos Kunst und Kultur" im Künstlercafe „Fata Morgana" in Kaufbeuren, wo es auch im selben Jahr uraufgeführt wurde. Die Idee war, das Theater weg von der Bühne, mitten hinein in das Publikum zu transportieren, um den Zuschauer zum Bestandteil des von den Künstlern manipulierten Raumes zu machen.
Weitere Projekte folgten, und es gelang der Gruppe immer wieder aufs Neue, eine bittersüße Stimmung zu erzeugen, die den Gästen noch lange in Erinnerung blieb.

Im Jahr 2002 trennte sich „Mythos Kunst und Kultur".

Erst im Jahr 2007 entschloss ich mich das Stück zu überarbeiten und als Buch herauszubringen.

Am damaligen Projekt „Der Vampir" waren beteiligt:
Andrea Mair (Regie)
Esra Altin (Regie/Frau im Publikum)
Michael Kunz (Professor)
Manuela Mair (Lisa)
Thomas Neumann (Aron Miller)
Ernst Lenz „Ernesto" (Wirt)

Weitere aktive Unterstützer waren:
Eric Gröger, Sandra Mair, Franz Neher, Manfred Köhler, Rainer Erban.

Dank an Hamit, der Du die Perle Fata Morgana geschaffen hattest, ein Zuhause für uns rastlose Seelen.

Für Euch, die Ihr lebt und liebt...

... und für Euch, welche Ihr es nicht mehr tut
Thomas Espermüller, Sylvia Neumann...

... und für Dich Birgit, Du die es mit mir teilt.

Zeichnung auf dem Cover
© 2007 Birgit Hübner

Lektorat Diana Zimmermann, Birgit Hübner

Lieber Regisseur,

es freut mich sehr, wenn Du Dich für die Aufführung dieses Stückes entscheidest.

Der Vampir ist nicht für die Bühne geschrieben, sondern für eine Kneipe, Caféhaus usw.

Die Szenen vor dem Lokal können sehr gut durch Lichteffekte unterstrichen werden. Das Fata Morgana verfügte über ein großes „Schaufenster" durch das die Zuschauer die Szenen auf der Straße sehr gut beobachten konnten. Sollte dies bei Deinem Lokal nicht der Fall sein, dann lass Dir was einfallen... So kann z.B. ein großes Display das Fenster andeuten und die entsprechenden Szenen können dort gezeigt werden – am besten live.

In eigener Sache:

Um das Recht zu erwerben das Stück aufzuführen sind mindestens fünf Exemplare dieses Buches zu kaufen.

Bei kommerziellen Aufführungen ist ein Anteil von 5% der Einnahmen aus dem Eintritt als Tantiemen an mich abzuführen.

Amateurbühnen, Schülergruppen und gleichartigen Produzenten, die keine kommerziellen Interessen verfolgen, erteile ich hiermit das Recht zur Aufführung ohne Abführung von Tantiemen.

Über eine Einladung zur Premiere würde ich mich sehr freuen.

Kontakten kannst Du mich unter:

tnprivat1970@yahoo.de

Viel Spaß!

Der Autor

Das Licht ist es, welches uns alle erleuchtet und dann sehen wir nur, was in seinem Scheine strahlt. Doch selbst der schönste Schimmer wirft einen Schatten und im Mysterium des Verborgenen befindet sich die ganze Wahrheit – und die Tatsache, dass man die wirklich Bösen nicht sehen kann!

Zum Stück
Das Stück spielt in einem Londoner Café. Der Literaturprofessor Herman Echtstein und seine Assistentin Lisa Shefield haben ihre Studenten zu einem abendlichen Treffen außerhalb des Studienplans in das Café eingeladen, um den Mythos Vampir anhand eines lebendigen Beispiels zu ergründen. Hierfür behaupten sie, hätten sie einen echten Vampir über eine Zeitungsanzeige kennen gelernt, der nun an diesem Abend Fragen zum Vampirdasein beantworten solle.
In Wirklichkeit wurde ein Schauspieler engagiert, der ein vom Professor erarbeitetes Stück darbieten soll. Doch die Aufführung gerät außer Kontrolle, da der Schauspieler seine eigene Interpretation des Stückes bevorzugt...

Die Personen

Professor Herman Echtstein:
Egozentriker Ende 40. Immer extrem
geschmacklos gekleidet, mit wirrem Haar.
Neigt zur Ironie und schwarzem Humor.
Spricht mit leichtem Akzent. Stockt
manchmal mitten im Satz und macht dann
eine längere Pause, als suche er nach den
richtigen Worten, um dann mit einem ganz
anderen Thema fortzufahren. Ist teilweise
durch seine übertriebene Arroganz bei seinen
Kollegen verhasst, doch bei den Studenten,
wegen seiner unkonventionellen Art die Dinge
begreiflich zu machen, sehr beliebt.
Überzeugter Junggeselle. Ist dem übermäßigen
Alkoholgenuss nicht abgeneigt. Lässt im Bezug
auf die Sicht der Dinge keine andere, als seine
Meinung zu.

Lisa Shefield, die Assistentin:
Gutaussehende, hochintelligente Frau, Anfang
30. Seit drei Jahren Assistentin des Professors.
Es ist aber viel mehr eine Schüler-Meister
Beziehung. Möchte eines Tages die Stelle des
Professors übernehmen. Doch ihre Karriere ist
seit dem Zusammentreffen mit Echtstein ins
Stocken geraten. Ihr Selbstbewusstsein und
Ihre Lebensfreude haben an der starken
Dominanz des Professors in den letzten drei
Jahren gelitten. Bewegt sich in seinem
Schatten. Elegant gekleidet. Wirkt dennoch
zurückhaltend und schüchtern. Wird von den
Studenten nicht respektiert.

Aron Miller, der Schauspieler und Vampir:
Unbekannter Schauspieler. Keiner weiß,
woher er kommt. Wurde von einer Agentur
vermittelt. Hagere Gestalt. Kreidebleich mit
geröteten Augen und schwarzen
Augenrändern. Das halblange Haar streng mit
Fett (Gel) nach hinten frisiert. Schwarzer
schmaler Kinnbart. Wirkt anfangs krank und
kraftlos, was sich aber im Verlauf des Abends
ändert. Jugendliche, anfangs unsichere
Erscheinung (trotzdem unheimlich!). Doch die
Art wie er spricht, verwirft das erste Bild
dieses Menschen im Gesamten. Schwarze
elegante Kleidung, die etwas zu groß bemessen
scheint. Großer unheimlicher Ring am
Ringfinger der rechten Hand.

Der Wirt: ein Wirt...

Eine der Studentinnen:
Sollte möglichst nicht als „Schauspieler",
sondern tatsächlich als Studentin im Publikum
sitzen. Etwas vorlaut. Kommt aus gutem Haus.
Nicht gerade eine leuchtende Gestalt in
geistigem Sinne.

Die Studenten:
Das Publikum dieses Abends.

1. Akt

Die Studenten sind bereits zahlreich erschienen. Es wird getrunken und an den einzelnen Tischen laut diskutiert. Alle sind neugierig, was an diesem Abend wohl geschehen wird.

Professor und Assistentin werden von einer Limousine vorgefahren. Der Professor betritt durch die Eingangstür den Raum, gefolgt von Lisa Shefield, die einen altmodischen Aktenkoffer trägt. Big Ben schlägt 8:00 pm. Zielstrebig gehen die beiden durch das Lokal, wobei der Professor die Studenten an den einzelnen Tischen mit einem beiläufigen und knappen „guten Abend" begrüßt.

An einem Tisch bleibt er kurz stehen, blickt einen der Studenten kritisch an, während er hektisch in seinen Taschen nach etwas zu suchen scheint. Dann bringt er eine alte Brille hervor, die er kurz aufsetzt. Jetzt scheint er den Studenten erst tatsächlich zu erkennen.

Professor *(mit ironischem Unterton)*:
Sieh an, sieh an, Mr. Markowitz, hab ich recht? Schon länger nicht mehr die Ehre gehabt! Das passt natürlich ins Bild – *(Er greift nach dessen Glas und mustert den Inhalt.)* eine Vorlesung in gemütlicher Atmosphäre lassen Sie sich bestimmt nicht entgehen. Man sollte anregen, auch im Hörsaal Bier feil zu bieten, dann wäre ich mir zumindest Ihrer kontinuierlichen Anwesenheit sicher.

Studentin *(nebenbei zu ihrem Tischnachbar)*: Das würde dem so passen. Dann bräuchte er seine Bierchen nicht mehr heimlich auf der Toilette zischen.

Professor *(hat den Satz gehört und sucht jetzt nach der Studentin, scheint sie aber nicht zu finden)*:
Bier ist sehr gut für die Verdauung und senkt den Blutdruck!
(Er geht zu einem weiteren Studenten.)
Name? Ich kenne Sie nicht! Ah – sie sind der Neue? Schon in einer Vorlesung gewesen? Was trinken Sie da? *(Er mustert das Glas – kein Bier.)* Hm – das ist nicht das Richtige für den heutigen Abend.
(Er schüttet das Glas aus und winkt den Wirt herbei.) Bringen Sie dem Studenten etwas Ordentliches zu Trinken. Das Zeug hier verstopft seine Arterien – völlig unpassend! *(Er geht weiter.)* Ich kann Ihnen das Bier hier empfehlen.
(Bleibt bei der Studentin stehen - ernst)
Ich würde mich gern morgen um 10:00 Uhr mit Ihnen über Ihre letzte Prüfungsarbeit unterhalten.

Studentin *(steht auf - bezirzend)*:
Sehr gern Professor Echtstein. In Ihrem „Studierzimmer" oder wieder draußen im Park?

(Lisa scheint das nicht zu gefallen)

Professor:
Jawohl – gerade dort. Und ziehen sie sich bitte was Vernünftiges an. Wenn der Wind aus der falschen Richtung kommt, ist ein unangenehmer, heller Pfeifton zu vernehmen.

Er steckt die Brille wieder ein und die beiden laufen schnellen Schrittes weiter Richtung Podium. Oben angekommen stützt er seine Arme in die Hüften und blickt sich auf der Bühne um. Dann murmelt er etwas vor sich hin und deutet an drei verschiedene Stellen.

Professor:
Einer dort, der andere da und....

Lisa hat verstanden und nickt ihm zu. Sogleich beginnt sie damit, alles vorzubereiten. Drei Stühle, einige Unterlagen aus dem Aktenkoffer. Der Professor blickt kurz auf seine Taschenuhr und verlässt hektisch die Bühne, um einige Worte mit dem Lokalbesitzer zu wechseln.

Professor *(er grinst)*:
Irgendwelche Lebenszeichen von meinem Gast?

Der Wirt schüttelt den Kopf

Bis er zurückkehrt, hat Lisa bereits drei Stühle nebeneinander aufgestellt. Auf dem mittleren Stuhl liegen die Unterlagen aus dem Aktenkoffer. Fragend schaut sie den Professor an. Dieser schüttelt den Kopf und scheint erneut Anweisungen zu geben.

Professor:
Und jetzt noch mal für Dich zum Mitschreiben! Da ich – dort Du und der .....

Augenblicklich beginnt Lisa damit die Stühle erneut zurechtzurücken, doch der Professor unterbricht ihre Arbeit und murmelt etwas, wobei er auf die Theke deutet. Lisa nickt und geht in Richtung Theke ab.

Lisa *(zum Wirt)*:
Der Professor braucht jetzt dringend was zu Trinken, sonst dreht er noch durch.

Der Professor ordnet nun selbst die Stühle zielsicher und blättert anschließend stehend und mit aufgesetzter Brille die Akten durch. Lisa kehrt mit einem Glas Bier und einem Glas Wasser zurück. Das Bier reicht sie dem Professor, der sie kaum wahr nimmt, sondern ihr nur kurz die Anweisung gibt, sich auf den Stuhl links von ihm zu setzten. Er trinkt einen langen Zug von dem Bier, blickt dabei den Studenten an, dem er das Glas weggenommen hatte, lächelt und stellt es anschließend auf den Boden neben dem mittleren Stuhl. Dann blickt er erneut auf die Taschenuhr. Lisa sitzt in einer verschlossenen Haltung regungslos da und starrt zu Boden. Der Professor scheint auf etwas zu warten und schaut nach draußen. Wieder geht er zum Wirt, deutet auf seine Uhr und auf die Straße. Der Lokalbesitzer nickt mit dem Kopf. Anschließend gibt der Professor eine Anweisung an Lisa und blickt erneut suchend zur Tür. Lisa steht auf und geht zum Telefon. Der Professor geht auf die Toilette.

Lisa legt auf. Offensichtlich hat sie niemanden erreicht.

Studentin:
Wo ist er denn jetzt – der echte Vampir? Ich habe noch eine Verabredung und...

Lisa *(forsch)*:
Geduld! Er wird wohl gleich da sein. Die Sonne ist noch nicht lange untergegangen.

Lisa gibt dem Wirt ein Zeichen.

Lokalbesitzer *(zum Publikum)*:
Sehr verehrte Damen und Herren, liebe Studentinnen und Studenten. Wie Sie ja

wissen, wird heute Abend Professor Herman Echtstein und seine Assistentin Mrs. Lisa Shefield einen lebendigen Vortrag zum Thema Mythos Vampir halten. Aus organisatorischen Gründen wird sich der Beginn um einige Minuten verschieben. Ich möchte daher die Gelegenheit nutzen, Sie zu bitten, wenn Sie noch etwas bestellen möchten, mir dies jetzt kund zu tun, um später den Vortrag nicht zu stören. Auch der Besuch der Toilette würde sich noch anbieten. Die Gäste, die nicht zur Studentenschaft gehören, bitte ich für den heutigen Abend um Nachsicht.
(Er blickt durch das Lokal.)
Aber mir scheint, Sie sind sowieso alle Studenten des ehrenwerten Professors Herman Echtstein. Ich wünsche einen angenehmen Abend.

Vor dem Fenster zur Straße hält eine schwarze Limousine. Echtstein und Shefield sind bereits auf das Podium zurückgekehrt und blicken nun erwartungsvoll hinaus. Echtstein wirkt jetzt etwas aufgeregt. Shefield bleibt cool. Er trinkt einen weiteren, kräftigen Schluck von seinem Bier und erhebt sich dann mit einem leisen Schmunzeln, um zu beginnen.

Professor *(Sein kurzer Anflug von Aufregung verschwindet. Selbstsicher und routiniert)*:
Verehrte Studentinnen und Studenten, ich bin hoch erfreut, Sie heute Abend hier so zahlreich begrüßen zu dürfen. Wobei ich doch meine Verwunderung darüber äußern möchte, dass zu meinen Lesungen in der Universität die Zahl der Anwesenden meist geringer ist, als bei der heutigen Veranstaltung.

(Er wirft einen deutlichen Blick zu Markowitz und deutet kurz mit dem erhobenen Zeigefinger, ein kurzes Lächeln, dann wieder ernste Mine. Er nickt zu Lisa. Diese reicht ihm einige Blätter, während er seine Brille aufsetzt. Ein kurzer nervöser Blick zur Limousine vor dem Fenster. Dann vom Blatt lesend.)
In den letzten Lesungen behandelten wir das Thema „Mythen in der Literatur," was doch einige Fragen aufgeworfen hatte. Mythos, so die Definition der Fachliteratur, bedeutet: Überlieferung eines Volkes von seinen Vorstellungen über die Entstehung der Welt, seine Götter, Dämonen etc. Sage von Göttern, Helden, Dämonen, zur Legende gewordene Begebenheit oder Person von weltgeschichtlicher Bedeutung. Das Wort Mythos entspringt dem griechischen - Mythos für Wort, Rede, Erzählung.
(Wieder über die Brille hinweg ein nervöser Blick zur Limousine, dann wieder frei sprechend zu den Studenten.)
Was die Mythen der Götter und Helden anbelangte, gab es sicherlich keinerlei Diskrepanzen. Wohl aber bei Bram Stokers Roman und seiner Hauptfigur, dem Mythos „Graf Dracula". Einem ...
(Er harrt aus. Geistesabwesend blickt er erneut zur Straße. Ein Moment vergeht, dann wendet er sich urplötzlich Lisa zu und murmelt ihr etwas ins Ohr. Diese nickt und geht von der Bühne ab, nach draußen. Echtstein fährt im gleichem Ton fort)

An dieser Stelle sei angemerkt, daß Lisa zeitgleich zum Vortrag Echtsteins zur Limousine vor die Türe geht, und nach kurzem Zögern an die Fahrertür klopft. Eine Fensterscheibe öffnet sich, und jemand deutet im Fahrzeuginneren nach hinten. Lisa geht auf die andere Seite und die hintere Wagentür öffnet

sich. Eine in schwarz gekleidete Gestalt steigt aus.
Bis zum Eintreten in das Lokal kehrt diese dem
Publikum im Inneren den Rücken zu. Die beiden
scheinen heftig zu diskutieren. Dann kehrt der
Vampir wieder in den Wagen zurück und Lisa
macht sich auf den Weg zurück ins Lokal, bleibt aber
vor der Tür stehen und geht wieder zurück zur
hinteren Wagentür. Nach einem Wortwechsel steigt
er erneut aus, und beide gehen gemeinsam bis vor die
Tür, wo die Gestalt allerdings mit dem Rücken zum
Publikum stehen bleibt. Lisa kehrt zurück zum
Professor.

Professor:
... Vampir. Das unheimliche, menschliche und
doch dämonenhafte Wesen, welches eine
Mischung aus Furcht und magischer, eben
mythischer Anziehungskraft in uns weckt.
Kaum ein anderes Wesen wirbelt in uns so
unterschiedliche Emotionen auf. Von
schaurigem Ekel, bis hin zu -Sie verzeihen-
wolllüsterner, geiler Erregung.
(Er stockt und ist kurze Zeit ohne Fassung, während
er das Geschehen vor der Tür beobachtet.)
Um diesen Mythos Vampir in klarem Licht
erscheinen zu lassen, habe ich mich
entschlossen, einen *(Er zögert etwas und blickt*
über die Brille zu den Studenten, um sicher zu gehen,
dass alle ihm jetzt zuhören.) echten Vampir zu
präsentieren. *(Stolz schaut er in die Runde, dann*
allerdings wieder unsicher und nervös nach
draußen.)

Meine Damen und Herren, *(jetzt ironisch)* ich
habe weder Kosten noch Mühen gescheut, um
Ihre literarische Bildung ohne die gefürchteten
Lücken zu lassen. Es ist mir gelungen, mit
Hilfe meiner Assistentin Lisa Shefield, über

eine Anzeige in der London Tribune, einen tatsächlich echten Vampir für den heutigen Abend zu engagieren.

(Der Stolz über das makabere Ereignis, das er nun erwartet steht ihm ins Gesicht geschrieben.)

Meine lieben Studentinnen und Studenten, wie wir alle wissen, lernen wir durch Hören, Sehen und am aller meisten *(Er wirft einen Blick nach draußen.)* durch das Erleben. Es handelt sich hierbei nicht um einen meiner makaberen Scherze, sondern vielmehr um ein wissenschaftliches Experiment, welches Ihnen helfen wird. Sie sollen auf diese Weise eine Bewusstseinsveränderung durch die Wahrnehmung der Realität, die im leibhaftigen Bestehen des Dämons und Geistes gegenwärtig wird, erfahren.

Lisa tritt ein und wartet vor dem Podium auf genau diese Worte des Professors, um ihn hier zu unterbrechen. Sie geht nach oben, mit dem Rücken zum Publikum, um dem Professor etwas zu sagen. Dieser dreht sich nun auch nach hinten und kramt einige Geldscheine hervor. Er gibt sich sichtlich Mühe, dass diese Handlung unbemerkt bleibt, was ihm allerdings nicht gelingt. Lisa nimmt das Geld und geht nach draußen.

Professor *(unbeirrt weiter)*:
Ich möchte zur Erläuterung meines Vorhabens den dänischen Regisseur Carl Dreyer zitieren:
(Er liest wieder durch die Brille vom Blatt.)
Stell Dir vor, wir sitzen in einem ganz gewöhnlichen Zimmer. Plötzlich wird uns gesagt, dass hinter der Tür eine Leiche liegt. Fast im gleichen Augenblick hat sich der Raum, in dem wir sitzen, völlig verändert. Alles

befindet sich auf einer anderen Ebene. Das liegt daran, dass wir uns verändert haben.

Liebe Studentinnen und Studenten, begreifen heißt auch, sich zu verändern, und genau diese Veränderung möchte ich mit dem heutigen Abend bezwecken.

Er starrt zur Tür. Lisa tritt mit dem Vampir ein. Sie versucht ihn unsichtbar behutsam zu führen. Der Vampir schreitet auf scheinbar wackligem Fuß und dennoch selbstsicher durch das Publikum. Sein Blick ist geradeaus gerichtet, ohne jemanden anzusehen. Er wirkt, als würde er durch seinen eigenen Traum wandeln. Dann bleibt er stehen. Es geschieht für einen Moment lang nichts, so dass der Vampir im Raum wirken kann.

Professor *(als sei etwas Unglaubliches endlich wahr geworden)*:
Meine Damen und Herren, liebe Studentinnen und Studenten, der...
(mit zur Seite geneigtem Kopf und ausgebreiteten Armen)
...Vampir.

Echtstein schreitet dem wackligen Vampir entgegen und schüttelt diesem die Hand, so dass der Vampir fast zu zerbrechen scheint.

Er führt ihn ins Off.

Lisa:
Lassen wir unseren Gast kurz ankommen. Dann geht es weiter. Gute Gelegenheit etwas zu essen und zu trinken.

Dann erlischt das Licht, und der erste Akt ist vorbei.

2. Akt

Der Vampir sitzt auf dem linken Stuhl. Er scheint regungslos und fixiert einen imaginären Punkt in der Mitte des Raumes. Echtstein und Shefield stehen hinter den Stühlen und scheinen noch Meinungsverschiedenheiten zu haben, die der Professor allerdings klar aus dem Weg räumt. Dann wirft der Professor erst dem Vampir dann dem Publikum einen Blick zu und tritt nach vorn. Shefield folgt ihm, bleibt aber in sicherem Abstand.

Professor *(lächelt selbstsicher, trinkt einen Schluck Bier)*:
Wollen wir beginnen?!

Echtstein setzt sich und schaut dann zum Vampir, anschließend zu Shefield, die noch immer da steht, und den Vampir ängstlich und skeptisch betrachtet. Scheinbar hat sie den Blick des Professors gespürt. Nach einer kurzen Geste des selben gleitet sie ebenfalls auf ihren Stuhl, ohne jedoch die Augen von dem Vampir zu lassen, der in der gesamten Zeit seinen Fixpunkt nicht verlassen hat.

Professor:
Sie brauchen sich nicht zu fürchten, teuerste Lisa. Dies gilt auch für Sie, meine lieben Studentinnen und Studenten. Ich habe selbstverständlich mit dem Vampir ein Abkommen getroffen, dass keine der Personen, die sich in diesem Raum befinden, zu Schaden kommen wird. Außerdem habe ich zur Sicherheit das traditionelle Werkzeug zur Abwehr von Blutsaugern bei mir.
Er steht auf, kramt aus seiner Aktentasche ein Kruzifix, einen Bund Knoblauch und einen Hammer

mit einem hölzernen Pfahl hervor. Er zeigt alles und deutet mit dem Kruzifix auf den Vampir, wobei er sichtlich eine Reaktion zu erwarten scheint. Der Vampir bleibt allerdings völlig unbeeindruckt.

Professor:
Nun mein hochverehrter Mr....Mr. wie soll ich Sie ansprechen? Mr. Vampir oder vielleicht mit Graf Dracula?

Der Vampir, unverändert als hätte er die Frage nicht gehört, doch dann sammelnd, als wolle er Kraft für die Antwort gewinnen.

Vampir *(jetzt mit unerwartet kräftiger Stimme, immer noch den Raum fixierend)*:
Ist Ihnen ein Name wirklich wichtig? Sicherlich haben Sie sich längst für einen entschieden, den Sie mir geben möchten, geschätzter Professor Echtstein. *(Ein leises Lächeln geht über seinen Mund)*

Professor *(etwas überrascht, dann dennoch gefasst)*:
Zweifelsohne ist ein Name wichtig. Bleiben wir also, wenn Sie nichts dagegen haben, bei Mr. Vampir. Nun Mr. Vampir, vorab möchte ich mich noch einmal bei Ihnen bedanken, dass Sie sich bereit erklärt haben, uns für den heutigen Abend zur Verfügung zu stehen.

Vampir *(ohne veränderte Regung, allerdings mit einem Anflug von Ironie)*:
Das Vergnügen ist auf meiner Seite, Verehrtester.

Der Professor blättert kurz in seinen Unterlagen, und wirft einen flüchtigen Blick zu Lisa.

Professor:
Nun Mr. Vampir, wir alle warten bereits brennend darauf, etwas über Sie zu erfahren. Wollen wir also unverzüglich mit unseren Fragen an Sie beginnen. *(Lisa reicht ihm einen Zettel, sie selbst hält einen Notizblock und Füller bereit um das Geschehen zu dokumentieren)* Was genau sind Sie?

Vampir:
Ein Vampir.

Echtstein nun sichtlich verunsichert. Wieder ein Blick zu Lisa. Diese zeigt nun auch eine skeptische Reaktion.

Professor *(lächelt verlegen fährt dann zuversichtlich fort)*:
Sicherlich, das ist uns allen bekannt. Mit meiner Frage, was Sie sind, meine ich was für ein Subjekt *(er stockt kurz verbessert sich dann)*, was für ein Wesen sind Sie?

Vampir:
Ein Vampir.

Professor *(holt tief Luft)*:
Ja, ja, ja. Ich meine - sind Sie ein Dämon, ein Geist, eine Fledermaus, ein Wolf, oder ...?

Lisa *(fällt unverhofft dem Professor ins Wort)*:
Ein Mensch?

Sie selbst ist über ihren Einwand erschrocken. Echtstein überspielt ihn mit einer überheblichen Kopfbewegung.

Vampir:
Alles scheint im Glanze des Lichts. Unsere Augen sehen, unsere Haut fühlt, unsere Ohren hören, unser Mund schmeckt, doch unsere wahrhaftige Wirklichkeit entsteht im Inneren, der Seele. *(Neigt jetzt seinen Kopf als wolle er zu Lisa blicken, tut es aber nicht in vollendeter Ausführung.)*
Danke, liebe Mrs. Shefield. Jemand wie ich fasst so etwas als eine Art Kompliment auf.

Professor *(Blättert wieder in seinen Unterlagen. Er hat begriffen, dass sein Spiel nicht mehr so funktioniert, wie er es vorbereitet hatte)*:
So, so, wenn ich Sie also richtig verstanden habe, würden Sie sich selbst als einen Menschen bezeichnen?

Lisa *(verlegen, aber dennoch von etwas getrieben, was sie seit längerem zurückhielt)*:
Entschuldigen Sie Herman, aber ich glaube nicht, dass er uns sagen wollte er sei ein Mensch. Was er uns sagen wollte war...

Professor *(nun deutlich verärgert)*:
Danke Lisa für Ihre Erläuterung. Wir sollten jetzt zum eigentlichen Thema zurückkehren. *(Er sammelt sich in seiner Selbstherrlichkeit. Wendet sich dem Vampir wieder zu.)* Sie behaupten von sich ein Vampir zu sein. Wie ist es dazu gekommen? Wurden Sie als solcher geboren, oder hat man Sie gebissen?

Der Vampir dreht sich blitzartig zum Professor. Er durchdringt ihn mit seinen Augen. Der Professor ist für einen Augenblick erschrocken. Er versucht dem

Blick zu entkommen, es gelingt Ihm nicht. Er zeigt ungewollt Furcht.

Vampir *(unerwartet böse)*:
Gebissen? *(Er erhebt sich. Echtstein weicht zurück. Lisa verfolgt den Vampir fasziniert. Dieser in bösartiger Rage)*
Ausgesaugt! Gequält! Verbrannt! Gefressen! Entleert! Vernichtet!

Der Vampir öffnet den Mund, dreht sich zum Publikum. Erhebt seinen Kopf zur Decke und schließt die Augen. Man kann die spitzen Zähne sehen. Ruhe kehrt plötzlich wieder in ihm ein. Er setzt sich und wartet.

Vampir *(fixiert wieder seinen Punkt im Raum. Die alte Stimmung ist zurück.)*:
Meine Mutter war eine sehr feine Dame. Sie war wunderschön. Ihre eleganten Kleider, ihr stets perfekt frisiertes Haar. Wenn sie mit ihrem stolzen Gang durch die Straßen spazierte, blieben die Leute stehen und drehten sich nach ihr um. Wenn sie es auch nie gesagt hat, wusste ich doch als der kleine Junge, der ich war, dass sie mich irgendwie mochte.

Professor *(in der Zwischenzeit wieder einigermaßen gefasst)*:
Wurden Sie durch Ihre Mutter zum Vampir?

Vampir:
Der kalte Dezembernachmittag, an dem sie beerdigt wurde, drang tief in meine Knochen ein. Ich spürte noch Tage später den Schmerz des Windes in mir. Alle weinten, - ich konnte nicht. Meine Tränen waren zu kaltem Eis

gefroren. Alle berührten mich oder nahmen mich in den Arm, doch ich spürte nichts, ich wollte nur nach Hause in mein Zimmer. Sie machten mir Angst. Damals merkte ich zum ersten Mal, dass die Dunkelheit in meinem Zimmer, bei Nacht, das einzige war, das mir eine Mauer des Schutzes, einen Mantel der Geborgenheit gab. Keiner konnte mich sehen.

Lisa:
Was war mit Ihrem Vater?

Der Professor, selbst neugierig, tut als hätte er diese Frage gestellt.

Vampir:
Ich hatte keinen Vater.

Professor:
Jeder Mensch hat einen Vater.

Vampir:
Waren wir uns nicht einig, dass ich ein Vampir bin?

Professor *(verständig)*:
Natürlich. Bitte fahren Sie fort.

Der Vampir geht einige Schritte ins Lokal, um sich einen etwas behaglicheren Platz zu suchen. Er blickt provozierend zum Professor, dann sieht er sich im Publikum um. Dort fixiert er den einen oder anderen.

Vampir:
Tante Beth nahm mich zu sich. Ich zog zu ihr aufs Land. Irgendwie versuchte sie Mitleid mit mir zu haben. Anfangs kniete sie öfters vor mir

nieder, nahm meine Hände und zog mich an sich heran. Dann flüsterte sie mir Dinge ins Ohr wie „du brauchst keine Angst zu haben, alles wird gut" oder „du brauchst dich nicht zu genieren, weine ruhig, wenn du traurig bist". Doch ich weinte nie. Ich war auch nicht traurig, denke ich. Allerdings, Angst hatte ich.

Lisa:
Wovor?

Vampir:
Angst. Das geheime Tor zu den dunklen Stellen in unserer Seele.

Er geht zur Studentin, nimmt sie bei der Hand und führt sie in den Raum. Dann blickt er sie durchdringend an. Sie scheint zu erschauern.

Vampir:
Erst fröstelt es uns, dann fährt sie uns in die Knochen und lässt diese erstarren, so dass wir wie gelähmt auf das warten, was uns zerfrisst. Und dabei füttert sie das Tier in uns, das augenblicklich erwacht und nach mehr giert. All das stärkt uns und die Furcht wirkt dann wie eine Droge, die unser Blut berauscht.

Er lässt von ihr ab. Sie bleibt wie gelähmt stehen.

Vampir:
Es ist das unaufhaltbare Gesetz der Dunkelheit in euch – und die Erschaffung der Monster, die mit neuem Schrecken die Wölfe wecken.

Ja Lisa. Ich fürchtete mich – vor allem vor dem, was an meiner Tante nagte.

Plötzlich scheint er einen Anfall von Schwäche zu haben. Lisa geht und holt ihn zurück auf die Bühne.

Professor:
Wieso, war sie der Vampir, der sie gebissen hatte?

Vampir:
Ich spürte, dass sie von mir erwartete, ich würde sie als eine Art Ersatz für meine Mutter sehen. Sie wünschte sich, ich würde sie lieb haben. Doch wenn sie mich berührte, fror ich. Nahm sie mich in den Arm, wurde ich zu Stein. Es dauerte einige Jahre, dann verstand sie. Und dann änderte sie sich. Ihr Mitleid wurde zu ihrem eigenen Leiden. Immer stärker kam in ihr das Gefühl auf, ich sei der Grund, warum es ihr immer schlechter ging. Schließlich nahm sie sich das Leben, und ich kam in ein Heim.

Lisa:
Sie brachte sich um? Das muss ja schrecklich für sie gewesen sein.

Kurze Pause, die der Professor nutzt, um das Wort zu ergreifen.

Professor *(übertrieben mitfühlend, dann allerdings verärgert und ungeduldig)*:
Das ist ja wirklich tragisch, aber wollen wir nicht endlich zur Sache kommen? *(Er schaut wieder auf seine Taschenuhr.)*

Lisa:
Ich glaube Herman, das was er uns erzählt ist wichtig. Er möchte uns...

Der Professor springt auf und geht durch das Lokal.

Professor:
Nun, meine Lieben. Wie es den Anschein macht, möchte uns unser Gast etwas mehr erzählen, als wir eigentlich wissen möchten. Gut. Wenn es der Sache dient. Warum nicht. Aber – so schrecklich all das war, was Sie erleiden mussten, das Ziel des heutigen Abends ist es, ausschließlich etwas über das Sein und Entstehen eines echten Vampirs zu erfahren.

Der Professor steht jetzt mit dem Rücken zum Vampir im Publikum. Der Vampir schleicht sich unbemerkt von hinten an.

Professor *(vortragend in Richtung der Studenten)*:
Die Literatur beschreibt zahlreiche Varianten der blutsaugenden Kreaturen der Nacht, welche als Fledermäuse durch die Lüfte ziehen und jungen Damen lüstern das Blut aus den Adern saugen. Wir möchten hören, wie ...

Der Vampir packt den Professor von hinten und führt seinen Mund zum Hals. Der Professor erstarrt.

Vampir *(deutlich mit aggressivem Unterton)*:
Sie möchten wissen, wie ich zum Vampir wurde? Dann hören Sie gut zu, ich werde es Ihnen erzählen, verehrtester Professor.
Eine Geschichte die Sie offensichtlich so noch nicht kennen und die wenig gemein hat mit dem, was in Ihren billigen Schundromanen über meine verlorene Gattung geschrieben steht.

Er lässt den Professor stehen, der nach Fassung ringt und diese scheinbar in einem kräftigen Schluck Bier findet. Der Vampir geht zurück auf seinen Platz auf der Bühne.

Professor:
Na also. Kommen wir nun zu dem Punkt, an dem ihre Verwandlung stattfand. So wie ich das verstehe, wurden Sie also nicht als Vampir geboren, sondern sind zu einem solchen geworden. Das ist doch schon mal eine klare Aussage.

Lisa geht zum Professor.

Lisa *(sehr vorsichtig)*:
Herman, sollten wir nicht vielleicht kurz darüber sprechen wie...

Vampir *(amüsiert)*:
Manchmal, gerade dann, wenn die Dinge nicht so laufen wie man sie erwarten möchte, zeigt sich für uns für einen kleinen Moment in dieser Differenz die Wahrheit. Es liegt an uns, ob wir durch den Nebel im Verstand sehen wollen. Oder ob wir geleitet von der gemeinen gestrickten Wirklichkeit zusammen mit unseren Glaubensbrüdern und -schwestern losziehen, um all die dahinzumetzeln, die sie nicht teilen wollen mit uns. Geführt und gestärkt von denen, deren Angst am größten ist.

Dies nur am Rande bemerkt. Es hat wirklich wenig mit dem zu tun, was wir heute hier hören und sehen wollen. Gern werde ich fortfahren mit meiner eigenen

Vampirgeschichte. Doch nicht sofort, ich bin müde.

Er schließt die Augen

Lisa:
Möchten Sie eine Pause machen?

Professor:
In Ordnung. *(Er schaut in sein leeres Bierglas)* Wir machen 15 Minuten Pause. Mr. Vampir, darf ich Sie kurz bitten?

Sie gehen ins Off. Auf dem Weg spricht der Professor zum Vampir und deutet dabei auf seine Uhr. Anschließend steckt er ihm einen Geldschein zu. Der Vampir nickt.

3. Akt

Die drei kehren auf ihre ursprünglichen Plätze zurück. Sie warten bis Ruhe im Raum einkehrt. Kehrt keine Ruhe ein, so sorgt der Professor dafür.

Der Vampir *(unbefangen, ja fast stolz)*:
Trotz all der Schicksalsschläge, die ich in meiner Kindheit erfahren musste, verlief meine Jugend doch sehr angenehm. Ich entwickelte mich zu einem geselligen, heiteren jungen Mann. Ich hatte viele Freunde und war sehr beliebt. Im Alter von 19 Jahren verließ ich das Heim. Ich zog nach London. Das kleine Vermögen, das ich von meiner Mutter und meiner Tante Beth geerbt hatte, reichte gerade noch so aus, um mir ein Studium der Schauspielkunst zu ermöglichen. Der Beruf stärkte mich noch mehr. Es ist, als würdest du immer wieder aufs Neue das Innere und auch die Hülle um dich herum wechseln, wie einen Mantel. Man lernt, zur richtigen Zeit die richtigen Kleider zu tragen. Ich wurde selbstsicherer. Schnell gewann ich Freunde. Aus allen Schichten der Gesellschaft. Vor allem die Frauen waren immer recht gern mit mir zusammen, wenn ich eine entsprechende Rolle spielte. Mein wahres Ich hatte ich längst irgendwo in einer Garderobe hängen lassen. War es doch so voller Schmutz und Narben. *(Jetzt fast schwärmend)* Ich verstand es prächtig, die Menschen zum Lachen zu bringen. Egal ob auf der Bühne oder privat, alles um mich herum begann zu blühen, wenn ich....

Die Studentin aus dem Publikum springt auf und zeigt mit dem Finger auf den Vampir.

Studentin:
Miller, Aron Miller. Jetzt weiß ich, woher ich diesen Mann kenne. Er heißt Aron Miller und ist Schauspieler. Ich habe ihn gesehen im...

Professor *(springt auf und unterbricht energisch)*:
Ruhe. Ich bitte um Ruhe. Junge Dame, Sie gefährden unser Experiment! *(Beherrscht zum Vampir)* Bitte Mr. Vampir. *(ungeduldig, ironisch)* Fahren Sie fort, mit Ihrer Erklärung, wie sie zum Vampir wurden! Und bitte, keine Spielchen mehr!

Lisa führt die Studentin wieder auf ihren Platz und setzt sie energisch nieder.

Lisa:
Wolltest du nicht zu einer Verabredung gehen? Das wäre jetzt genau der richtige Moment.

Studentin:
Pah – ich denke nicht daran! Das lasse ich mir doch nicht entgehen, wie ihr euch hier blamiert! Es scheint doch so, als würde die Geschichte ganz anders ablaufen als der Professor sich das wünscht. Denn der da – ist definitiv kein Vampir, sondern der Schauspieler Aron Miller vom Porters Theater. Einer runtergekommenen Bühne für Trunkenbolde und Taugenichtse. Vor allem aber lebt der Laden von den fragwürdigen Aufführungen der leichtbekleideten Damen die sich dort...

Vampir *(die Monotonie ist in ihn zurückgekehrt)*:

Aus einem Schatten geboren, ist es nicht ein plötzliches Wandeln in eine neue Kreatur. Vielmehr schleicht es in dich hinein wie eine Schlange. Dann erwachst du eines morgens und die Welt ist anders. Du siehst keine Personen mehr, sie haben sich gewandelt in Geister. Das helle Licht der Sonne bringt dir keine Freude, sondern nur noch ein heißes Feuer, dass den Schleier, den du zu deinem Schutze trägst, zu verbrennen vermag.

Lisa:
Was möchten Sie uns damit sagen?

Vampir *(melancholisch)*:
Sie war der leuchtende Stern in meinem Leben. Die Nacht, in der sie mir begegnete, schenkte mir zum aller ersten Mal die Freude in meinem Herzen wieder, die ich all die Jahre nach dem Tod meiner Mutter nirgendwo mehr finden konnte. Der, der das empfand war ich selbst und nicht eine meiner Hüllen. Es war der Moment, in dem ich nicht anders konnte, als in mein eigenes Leben zurückzukehren. Denn nur dort vermochte ich das zu empfinden, was sie mir gab. In meinem Herzen, das sich dort noch befand.

Professor *(offensichtlich resignierend)*:
Hört hört, ein Vampir mit Herz. Na großartig. *(Er trinkt wieder einen kräftigen Schluck Bier, welches scheinbar langsam Wirkung zeigt. Er winkt mit dem leeren Glas in Richtung Wirt.)* Mir wird das Ganze jetzt ein wenig zu romantisch. Lisa – das ist eher Ihr Part.

Sie versteht und ergreift sofort die Gelegenheit.

Lisa:
Sie meinen, Sie trafen eine Frau? Eine besondere Frau? *(fängt selber an zu träumen)* Etwas, das Sie wieder ins wirkliche Leben zurückführte – Schmetterlinge im Bauch. War sie hübsch?

Vampir *(schwärmend, fast euphorisch)*:
Hübsch? Für mich war sie das Erreichen des Regenbogens. Wir spazierten viele Nächte lang durch die dunklen Gassen der Stadt, ohne viel zu reden.
(wieder melancholisch) Tagsüber bekam ich sie zu diesem Zeitpunkt noch nicht zu Gesicht. Doch nachts...

Professor *(steht auf und holt sich das Bier)*:
Aber natürlich! - Eine Vampirfrau! *(Er kramt sich eine Zigarre aus der Hemdtasche. Feuer holt er sich aus dem Publikum, dann setzt er sich auf einen leeren Stuhl im Raum.)*
Diese Schlussfolgerung kann ich der Tatsache entnehmen, dass sie sich nur nachts trafen. Das haben Vampire so an sich. Die mögen nämlich kein Tageslicht – diese Weisheit entspringt übrigens meinen Schundromanen, die Sie vorhin erwähnten. Aber gut – wie auch immer. Es scheint ja nun doch noch in die richtige Richtung zu gehen *(Er nickt der Studentin zu. Die beiden lächeln sich für einen Moment etwas zu intensiv an, was Lisa wiederum nicht so erfreut.)*

Vampir:
Sie fürchtete sich vor dem Tag. Den vielen Menschen auf den Straßen. Dem Licht.

Professor:

Na also – hört ihr. Hätten Sie sich damals etwas mehr mit der von Ihnen so verpönten Literatur befasst, hätten Sie gewusst warum! Haben Sie sie nach dem Grund gefragt?

Vampir:
Ich habe...

Professor *(ungeduldig)*:
Und, was hatte sie für eine Erklärung.

Vampir:
Sie gab mir keine Antwort. Ich liebte sie. Und wenn sie sich mit mir auf dem Mond hätte treffen wollen, ich hätte nicht weiter gefragt. Sie wirkte krank und ängstlich. Ja, sie war so zerbrechlich und zart in Ihrem Wesen, dass ich mich ständig um sie sorgte. Doch ich spürte auch, dass meine Liebe ihr Kraft schenkte. Sie begann mir zu vertrauen. Es war mehr als nur..., ich meine, dieses Gefühl einen Menschen zu treffen, der dich einfach...*(Er hat keine Lust mehr diesen Satz zu vollenden.)* Schließlich entschlossen wir uns, unser Leben gemeinsam zu verbringen. Wir hatten auch keine andere Wahl. Die Liebe entzieht sich unserem Verstand und gehorcht auf keinen Fall irgendwelchen Weisheiten. Nein – sie kommt über uns und wir können nichts dagegen tun. Ob es uns gefällt oder nicht, ob es in die Zeit passt oder ob es sich mit dem deckt, was wir uns wünschen. Sie kommt und fesselt dich und alles was dich ausmacht. Und wieder das Gefühl, ja, das Gefühl in dir...

Lisa:
Was für ein Gefühl meinen Sie, Mr. Vampir? Hatte es vielleicht etwas mit Ihrer Mutter zu tun?

Vampir *(ignoriert Lisa, ist wieder völlig abwesend)*: Wir heirateten. Gegen all meine Prinzipien. Gegen alle Warnungen von denen, die ich damals meine Freunde nannte. Letztlich auch gegen meinen Verstand, der mir damals schon sagt, das würde böse enden. Dennoch, langsam begann sie in meiner Liebe aufzugehen. Das war das Gefühl das ich meinte. Ich konnte jemanden etwas geben, aus dem er Kraft schöpfen konnte. Etwas, was ich selbst leider nie erfahren durfte. Die Tage, die Wochen, die Monate und Jahre vergingen. Anfangs merkte ich vor Liebe nicht, dass nichts von dem was ich ihr gab, je zu mir zurückkehrte.

Professor:
Auf den Punkt gebracht – Sie meinen *(versucht es nicht zu kompliziert zu machen)* Sie liebten Ihre Frau, aber die Dame konnte Ihre Liebe nicht erwidern?

Vampir *(überzeugt)*:
Sie liebte mich! Und sie brauchte mich, *(kurze Pause, er überlegt)* um zu existieren.

Professor:
Ah ja. Eine Symbiose. Der eine gibt der andere nimmt. Das funktioniert, zumindest eine Zeit lang. Ja, das kann man dann natürlich als eine Art Liebe bezeichnen. Drogenabhängige lieben ihr Gift ja auch. *(Er starrt sein Bier an.)* Aber ob das Gift diese Liebe erwidern kann wage ich zu bezweifeln. Fatal!

Lisa:
Was meinen Sie damit, sie brauchte Sie, um zu leben?

Vampir:
Sie nährte ihre Gefühle, ihre eigene Emotionsfähigkeit von mir. Ohne mich hätte sie nichts gefühlt. Und ich nicht ohne sie. Dennoch sie war es, die von mir zehrte. Von meiner Energie, meiner Freude, meinem Geist. Sie saugte meinen Lebenssaft, *(kurzes Zögern, dann überzeugt)* mein Blut.

Professor:
Ja, das haben Vampire ja wohl so an sich! *(Er denkt kurz nach, dann ungläubig)* Ihr Blut? Das meinen Sie aber irgendwie... *(er vollendet nicht sondern überlegt und begreift)* Das ist doch erbärmlich! So blind kann man nicht sein! Warum haben Sie das einfach zugelassen? Jedem steht der Weg zu Neuem offen. Die Türen müssen nur geöffnet werden.

Vampir:
Wenn ich versuchte mit ihr darüber zu reden, dann wurde sie böse, wie ein wildes Tier, das in eine Ecke gedrängt wird. Sie sagte mir, wenn ich sie liebe, dann müsse ich sie so lieben, wie sie eben ist. Verstehen Sie, Professor Echtstein! Lieben, in guten wie auch in schlechten Zeiten, bis dass der Tod euch scheidet! Sie machte mir klar, sie könne mir nicht das geben, was ich von ihr wolle. Dann wirkte Sie wieder krank und zerbrechlich. Ich schwieg weiter. Gab ihr weiter meine Lebensenergie. Das Gespräch war für sie niemals geführt.

Lisa *(fürsorglich - geht zu ihm hin, möchte ihn berühren, traut sich aber doch nicht)*:
Mr. Vampir, ich kann sie verstehen. Ja, nicht jeder mag das begreifen.
(Sie versucht, sich etwas einfallen zu lassen und ringt nach Worten.) Wie ging das weiter? Sie erwähnten, Sie hatten viele Freunde. Was sagten die zu Ihrer Beziehung? *(fast sauer, unverständig)* Sie mussten doch merken, dass etwas nicht stimmte.

Vampir:
Ich hatte zu diesem Zeitpunkt keine Freunde mehr. Es wurden langsam immer weniger. Bis ich es bemerkte, hatte die Zeit eine Mauer gezogen. *(rechtfertigend, verzweifelt)* Ich lebte mit ihr isoliert von all dem, was ihr Angst machte. Und meine damaligen Freunde machten ihr Angst.

Professor:
Jeder ist seines eigenen Glückes Schmied, Mr. Vampir. Sie haben das einfach akzeptiert. Also haben Sie...

Vampir *(unterbricht energisch-springt zu ihm und packt ihn am Kragen)*:
Ich - ich habe sie geliebt! Verstehen Sie das nicht, Professor?

Professor:
Aber das ist doch Wahnsinn. *(Schüttelt ihn ab)* Liebe bis zur Selbstaufgabe. *(überheblich und in sich verschließend)* Sie waren nicht mehr bei Verstand!

Vampir *(überlegen)*:

Ich weiß, Professor, Sie können das nicht nachempfinden. *(Er wendet sich jetzt dem Professor zu und wirft einen kurzen Blick zu Lisa, die augenblicklich ausweicht.)* Sie haben noch nie geliebt.

Der Professor kehrt in sich zurück. Verschränkt die Arme und Beine. Lisa blickt ihn fragend an. Wandelt ihren Gesichtsausdruck von Erwartung in Trauer. Dann blickt sie zum Vampir, der sie fixiert. Jeder versinkt kurz in des anderen Augen, dann wendet sich Lisa verschämt ab. Es entsteht einen Moment lang Stille. Die Situation spiegelt die Beziehung Professor -Lisa. Der Vampir scheint Lisa auf eine übernatürliche Art zu befreien, um Sie dann in seinen eigenen Bann zu ziehen.

Vampir *(charmant)*:
Sie hingegen, liebe Lisa, Sie wissen um die Kraft, die in Ihrem Herzen lebt.
(Er streift ihr von hinten durchs Haar. Sie schließt die Augen.) Wie in ihr endloses Glück und bitteren Schmerz zu Einem verschmilzt. Um dann in jeder Ader durch den Leib zu fließen. Alles befruchtend und doch alles vergiftend. Als das Elexier menschlicher Vergänglichkeit.

Er stellt sich vor sie und streckt die Hand in ihre Richtung aus. Sie fühlt sich angezogen, möchte die Hand nehmen, doch der Professor unterbricht, um wieder Herr der Lage zu werden. Er steht auf und stellt sich zwischen die beiden.

Professor:
Menschliche Vergänglichkeit? Sie hätten Ihre Frau verlassen sollen. Haben Sie nie darüber nachgedacht, sie zu verlassen? So etwas

passiert tagtäglich überall in unserer Gesellschaft. Die Menschen verlieben sich, heiraten, machen Kinder, bauen Häuser. Dann fangen Sie an fernzusehen und hören auf sich zu unterhalten. Eines Tages wachen sie dann auf und stellen fest, sie haben einen Fehler gemacht und schwub die wub – Anwalt, Scheidung, und das Spiel beginnt von vorn. Andere hingegen, die mehr Weisheit besitzen, entziehen sich dem Debakel indem sie gar nicht mit dem Ganzen anfangen. Es gibt auch noch andere Werte im Leben. *(Er sucht nach Zuspruch im Publikum.)*
Was meinen Sie?

Der Vampir lässt hier keine Möglichkeit auf eine Antwort und unterbricht.

Vampir: Eines nachts, sie war wieder einmal krank und schlief, verließ ich das Haus und ging in eine Bar. Dort traf ich zwei meiner alten Freunde. Sie sagten mir, ich hätte mich verändert. Ich sei nicht mehr der Alte. Ich fragte, in wie fern? Äußerlich sei ich der gleiche, doch würde etwas in meinem Inneren fehlen. Mein Witz. Ich lachte sie aus. Doch wusste ich, sie hatten recht. Ja, damals begann ich darüber nachzudenken, meine Frau zu verlassen. Doch es blieb beim Nachdenken. Ich konnte nicht gehen, sie hielt mich fest. Es war zu spät. Mir fehlte die Energie. Die Energie in meinem Blut. Kein Tropfen mehr in meinen Adern, der mir Kraft hätte schenken können.

Er geht in den Raum und blickt wie in Trance um sich.

47

Vampir:
Und dann geschah es. Ich blickte in den Spiegel, doch da war nichts mehr.

Professor:
Er hat keinen Schatten und kein Spiegelbild...

Vampir:
Wenn ein Mensch in den Spiegel blickt, dann sieht er nicht nur ein Bild, sondern das, was er sieht, ist er selbst. Genau das fehlte mir, ich war nur noch eine Abbildung, mein Ich war verschwunden. Entsetzt rannte ich aus dem Badezimmer. Sie stand da und lachte. Sie war stärker als je zuvor. Ich lief an ihr vorbei, ohne sie zu beachten, wie sie so oft zuvor an mir vorübergelaufen war. Doch sie blieb einfach nur stehen und amüsierte sich über mich. Sie lachte. Ja, Sie lachte laut. Sie hatte es geschafft, mich wortlos zu machen.
Da kam diese Dunkelheit zurück, die ich spürte, als ich ein Kind war. Von dem Tag an lag ich nur noch im Bett, oder saß einfach nur da. In meinem Kopf war nichts mehr. Keine Gedanken. Keine einzige Regungen mehr in meinem Herzen. Vollständiger Stillstand. Alles ausgelöscht.

Lisa:
Oh mein Gott.

Professor:
Gott? Den lassen wir hier lieber aus dem Spiel.

Lisa:
Versuchte sie Ihnen wenigstens zu helfen? Sie hatten doch einiges für sie getan. Hatte sie nicht das Bedürfnis, etwas zurückzugeben von

dem was sie von Ihnen bekommen hatte? Ich
würde...

Vampir:
Sie ging aus. Natürlich in den Nächten. So wie
in den Nächten als ich sie traf. Erst wenn die
Dämmerung kam, kehrte Sie zurück. Lebendig
wie nie zuvor. Euphorisch und angetrunken
von meiner Hilflosigkeit. Manchmal versuchte
ich mit ihr zu reden, doch sie beachtete mich
nicht. Nein, sie verachtete mich. Und ich
nahm es ihr nicht einmal übel, wer war ich
denn schon in meinem Zustand? Eine leere
ausgesaugte Hülle. Ich konnte ihren Hunger
nicht mehr stillen.

Professor:
Ja, ich sagte bereits – fatal. Die Symbiose
wurde aufgelöst aus Mangel an Recourcen. Die
Zecke fällt ab, wenn sie vollgesaugt ist, kurz
vor dem Platzen, oder eben dann, wenn der
Wirt tot ist. Das war doch klar. Dann hat sie
Sie verlassen?

Vampir:
Zu diesem Zeitpunkt wäre das für mich eine
Erlösung gewesen. Der Tod oder ihr Gehen
hätte mich als Menschen gerettet. Nein, sie
blieb. Das quälte mich am meisten. Der
Schmerz wurde unerträglich, bis ich ihn eines
Tages nicht mehr spürte und endgültig der
Mensch in mir starb. *(Er wandelt durch den
Raum.)*
Alles Leben verließ meinen Körper. Bis keine
Emotion mehr übrig war, und die Menschen
zu Geistern wurden und die Sonne zu brennen
begann. Und dieser Hunger... Der Hunger
nach - dem Saft des Lebens, der mir fehlte.

Lisa:
Jetzt wurden Sie selbst zu einem Vampir, das war der eigentliche „Biss", ich verstehe.

Vampir:
Sie lackierte sich gerade die Fußnägel, als ich mich anzog, ein paar Sachen aus meinem Schrank nahm und ging. Leise rief sie meinen Namen. Ich blieb kurz stehen, ohne irgendetwas zu empfinden. Sie sagte mir, sie habe es immer gewusst, dass ich sie eines Tages verlassen würde. Ich sei eben genauso, wie all die anderen Männer in ihrem Leben. Wir beide waren zu demselben Wesen geworden. Ich schloss die Türe hinter mir, ohne ein letztes Wort, ohne Abschied.

Professor:
Endlich! Und sie suchte sich ein neues Opfer?

Vampir:
Ihr Verbleib ist mir ein Rätsel, welches ich nicht kennen möchte.

Lisa:
Was taten Sie dann? Wohin gingen Sie?

Vampir:
Zum Theater. Mein Talent zur Verwandlung war ausgeprägter als je zuvor. Tagsüber schlief ich in einem Keller des Theaters, nachts nach dem Spiel streifte ich einsam durch die Stadt. Hungrig nach der Energie, die mich leben ließ, der Zuneigung eines Menschen, die ich in mich aufsog, ohne sie zu erwidern.

Professor:
Haben Sie Opfer gefunden?

Vampir:
Ja, wieder und wieder. Es ist leicht, Ihr Menschen seid so dumm.

Professor:
Haben Sie denn kein Mitleid? Sie selbst wissen doch, wie schlimm es für Sie war.

Vampir:
Ich bin, was ich bin. Nichts wird mich jemals wieder ändern. Ich bleibe ewig. Der Gebissene kann sich nicht an die Schmerzen erinnern, die er fühlte. Dazu fehlt ihm das Innere. Er ist einfach nur eine leere Hülle.
So wurde ich durstig nach dem, was ich selbst nicht mehr habe.
(Wandelt jetzt wieder durchs Publikum)
Eurer Vergänglichkeit. Eurem pulsierenden Blut. So nehme ich es, um mich für einen kurzen Augenblick an seiner Kraft zu berauschen. Ich liebe die Nacht und verabscheue das Licht. Unerkannt streife ich euren Schatten. Denn ihr wollt mich nicht sehen und ich nicht euch. Meine Opfer kommen zu mir. Sie sind die kranken Schäflein der Herde. Ich befreie sie von ihrem Leid. Den Gefühlen. Ich bin ein Vampir.

Der Professor geht zu ihm und legt seine Hand auf die Schulter des Vampirs.

Professor:
Ja, das sind Sie. Ein wirklich echter Vampir.

Vampir:

Und jetzt entschuldigen Sie mich, verehrtester Herr Professor. Ich habe noch zu tun.

Professor:
Danke Aron. Das war sehr außergewöhnlich, dramatisch und jeden Cent wert.

Der Vampir wirkt krank und zerbrechlich. Er wirft dem Professor das Geld vor die Füße.

Vampir *(zum Publikum)*:
Ich bedanke mich. Ich bedanke mich bei Euch liebe Studenten.

Er wankt in den Raum.

Lisa *(springt auf, bleibt aber stehen)*:
Mr. Vampir, bitte warten Sie, ich...

Er dreht sich blitzartig herum und zeigt mit dem Finger auf Lisa. Sie ist augenblicklich ruhig und gefangen vom Blick des Vampirs. In seinen Augen spiegelt sich der Wahnsinn.

Vampir:
Ach ja, beinahe hätte ich noch etwas Wichtiges vergessen. Eine Vampirgeschichte kann nicht so einfach enden.

Das Licht erlischt. 20 Sekunden Dunkelheit. Ein lauter Schrei. Man hört wie sich die Türe nach draußen öffnet.

Schaurige Musik kommt aus den Lautsprechern.

Das Licht geht wieder an. Der Vampir steigt mit Lisa in den Wagen. Der Professor verfolgt gleichgültig die Szene. Der Wagen fährt davon.

Der Professor packt unbeeindruckt seine Sachen zusammen.

Die Studentin:
Was war er nun Herr Professor? Ein Schauspieler oder ein Vampir?

Professor:
Liebe Studentinnen, liebe Studenten. Alles scheint im Glanze des Lichts.
Nehmen wir uns den Satz des Vampirs zu Herzen – wenn das Unerwartete eintritt, dann kann man in der Differenz zu dem, was man erwartet hat, die Wahrheit sehen – wenn man dies will. *(zur Studentin)* Die Antwort auf Ihre Frage liegt also in Ihnen selbst.

Er geht zügig zur Tür.

Professor:
Wir sehen uns morgen, zur üblichen Zeit.

Das Stück ist aus

Nachwort

Die Seele ist ohne Zeit. Sie bewegt sich in Räumen die wir bewusst nicht wahrnehmen können. Vielleicht manchmal in unseren Träumen. Und wo scheinbar das Ende ist, beginnt erst alles.

Wenn wir mit unserer Seele sprechen, dann sprechen wir nicht im Jetzt sondern im unendlichen Kreislauf des Universums. Hieraus entsteht die Kunst.

Als ich das Stück 1999 schrieb, wusste ich nicht, welche Bedeutung vor allem der dritte Akt für mich einige Jahre später haben würde. Ich erstarrte förmlich beim Lesen des längst Vergessenen, welches zu meiner bitteren Realität geworden war.

Letztendlich hat mein Wissen um das Thema Vampir mich davor bewahrt, selbst einer zu werden.

Die Veröffentlichung hat für mich große Bedeutung und beendet einen Lebensabschnitt voller Angst, Trauer und Schmerz.

Weitere Theaterstücke von Thomas Neumann
„Das Licht auf der Anderen Seite"
Demnächst bei BOD